OPA
ERZÄHL MIR
VON DEINEM
LEBEN

Veröffentlicht von Midsummer Bloom Books
1621 Central Ave, Cheyenne, WY 82001, Vereinigte Staaten

Erste Ausgabe: Juni 2025
Gedruckt in den Vereinigten Staaten von Amerika

Inhaltsverzeichnis

Deine Geschichte beginnt hier

Erinnerst du dich an diese besonderen Momente, Opa? Manchmal kamen sie, während du in deinem Lieblingssessel saßt, durch deinen Garten spaziert bist oder während eines Familienessens, wenn plötzlich eine Erinnerung aus längst vergangener Zeit aufblitzte. Vielleicht war es ein Schwarz-Weiß-Foto, ein altes Lied im Radio oder der Duft von frisch gebackenem Brot, der dich zurückversetzte. Jedes Mal, wenn diese Erinnerungen hochkamen, hingen wir an deinen Lippen und wollten mehr hören.

Genau darum geht es in diesem Buch. Denn hinter dem, was du für uns bist – unser geliebter Opa, der uns mit Leckereien und Weisheit gleichermaßen verwöhnt – steckt ein ganzes Leben voller Abenteuer, von dem wir bisher nur kleine Einblicke bekommen haben. Es geht nicht nur um die Kapitel, in denen du unser Großvater warst, sondern um die echten Geschichten – über das Aufwachsen in einer anderen Zeit, über die Welt, wie sie damals war, über Träume, die du verwirklicht hast, und die, die du hinter dir gelassen hast.

Jede Seite in diesem Buch ist nur der Anfang. Eine sanfte Einladung, dich an den Jungen zu erinnern, der Murmeln auf der Straße spielte, an den jungen Mann, der durch historische Zeiten navigierte, und an den Vater, der seine eigene Familie großgezogen hat, als die Welt noch so anders war als heute. Das sind nicht nur deine Erinnerungen – es ist unser Erbe, unsere Wurzeln, unser Schatz.

Nimm dir Zeit für diese Seiten. Vielleicht tauchen Geschichten bei deinem Morgenkaffee auf, während du den

Sonnenuntergang von deiner Veranda aus beobachtest oder an einem dieser stillen Nachmittage, wenn die Erinnerungen von selbst kommen. Es gibt keinen Grund zur Eile – deine Weisheit hat längst erkannt, wie wertvoll es ist, die Dinge langsam anzugehen.

Weißt du, Opa, wenn du deine Geschichten teilst – ob es Triumphe sind oder Lektionen, die du auf die harte Tour gelernt hast – gibst du uns etwas mit, das wertvoller ist als jedes Erbe. Deine Erfahrungen verbinden Generationen und lassen uns Zeiten und Orte durch deine Augen sehen, die wir uns sonst kaum vorstellen könnten.

Also mach es dir an deinem Lieblingsplatz bequem. Vielleicht mit einer Süßigkeit, die du immer in der Nähe hast, oder einem warmen Getränk, das die Geschichten leichter fließen lässt. Lass deine Erinnerungen durch die Jahrzehnte wandern, die du erlebt hast, und die Abenteuer, die du gelebt hast.

Wie du dieses Buch benutzt

Das ist deine Geschichte – es gibt keinen Zeitplan, den du einhalten musst, und keine Regeln, die du befolgen musst. Wähle einfach eine Frage, die eine Erinnerung weckt, und fang an zu schreiben. Überspringe Fragen, komm später zurück oder verweile bei den Momenten, die dir am wichtigsten sind.

Denk daran, diese Fragen sind nur Türen zu deinen Erinnerungen. Deine Antworten könnten dich auf unerwartete Wege führen, und das ist vollkommen in Ordnung. Dieses Buch geht nicht darum, perfekt zu schreiben – es geht darum, deine einzigartige Reise in deiner eigenen Stimme festzuhalten.

Die Zeit hat Silber in dein Haar gewebt,

Jahre voller Geschichten, mit Sorgfalt erlebt.

Vom barfüßigen Jungen zum stolzen Mann,

Durch Wandel und Weiten, die niemand sonst
sah.

Dein Leben ist ein Buch voller Lektionen,

Von Brücken, die du bautest, und Weisheiten, die
sich lohnen.

Erzähl uns, Opa, von längst vergangenen Tagen,

Von Träumen, die dich lehrten, den Himmel zu
wagen.

1

Barfußtage

Jedes Leben beginnt mit Staunen. Erzähl uns von deinen ersten Abenteuern – eine Kindheit voller Magie, Entdeckungen und Geborgenheit.

Unser Familienhaus

Denk zurück an das Haus, in dem du aufgewachsen bist – ein Ort voller Erinnerungen. Jede Ecke dieses Hauses birgt Geschichten, die dich geprägt haben.

1.Wie sah dein Elternhaus aus, und welches Zimmer war dein Lieblingszimmer?

2.Welche Geräusche und Gerüche aus dem Haus sind dir besonders in Erinnerung geblieben?

3.Wie war die Nachbarschaft rund um dein Zuhause?

Kindheitsfreunde

Bevor Technologie die Freizeit ausfüllte, haben Kinder ihre eigene Unterhaltung geschaffen. Denk an die Freunde, die deine frühen Abenteuer geteilt haben, und an die einfachen Freuden des gemeinsamen Spielens.

1.Wer war dein bester Freund in der Kindheit, und was machte ihn besonders?

2.Welche Spiele hast du mit den Kindern aus der Nachbarschaft gespielt?

3.Wo hast du dich am liebsten mit deinen Freunden getroffen, und warum?

Schulzeit

Im Klassenzimmer hast du einen großen Teil deiner Jugend ver-
bracht. Manche Lektionen kamen aus Büchern, andere auf dem
Schulhof oder im Flur. Wie erinnerst du dich an deine Schulzeit?

1.Wie sah deine Grundschule aus, und wie bist du jeden Tag dorthin
gekommen?

2.Wer war dein Lieblingslehrer, und was machte ihn besonders?

3.Was hast du normalerweise zum Mittagessen mitgebracht, und mit
wem hast du es gegessen?

Helfen im Haushalt

Als Kind hast du durch das Helfen zu Hause Verantwortung gelernt. Diese kleinen Aufgaben haben dir wichtige Fähigkeiten beigebracht und gezeigt, wie auch junge Hände zum Familienleben beitragen können.

1. Welche regelmäßigen Aufgaben hattest du im Haushalt?

2. Welche Aufgabe mochtest du am wenigsten, und welche hat dir Spaß gemacht?

3. Was passierte, wenn du deine Aufgaben vergessen hast?

Familienmahlzeiten

Zusammen am Tisch zu sitzen, war mehr als nur Essen. Diese täglichen Momente brachten die Familie zusammen, um Geschichten zu teilen und sich auszutauschen. Wie waren die Mahlzeiten bei euch zu Hause?

1.Wann hat deine Familie gewöhnlich zu Abend gegessen, und wer hat das Essen zubereitet?

2.Was war dein Lieblingsgericht, das deine Mutter oder dein Vater gekocht hat?

3.Über welche Themen oder Geschichten hat deine Familie beim Abendessen gesprochen?

Besondere Feiern

Feiertage und Feste schufen unvergessliche Momente in deiner Kindheit. Diese besonderen Tage halfen dabei, Familientraditionen zu schaffen und Erinnerungen zu bewahren. Wie hat deine Familie wichtige Tage gefeiert?

1. Wie hat deine Familie deinen Geburtstag gefeiert, als du klein warst?

2. Wie war der Morgen an Weihnachten (oder einem anderen großen Feiertag) bei euch zu Hause?

3. Welche Feier aus deiner Kindheit ist dir am meisten im Gedächtnis geblieben, und warum?

Kindlicher Unfug

Nicht alle Kindheitserlebnisse verliefen glatt. Manchmal kamen die besten Lektionen aus Fehlern, kleinen Abenteuern oder dem Austesten von Grenzen. Welche unvergesslichen Missgeschicke haben dir wichtige Lektionen beigebracht?

1.Was war das frechste, was du als Kind gemacht hast?

2.Hast du jemals etwas Wichtiges kaputt gemacht, und was ist danach passiert?

3.Wie haben deine Eltern dich normalerweise bestraft, wenn du etwas angestellt hast?

Tierische Freunde

Die Tiere deiner Kindheit boten dir Gesellschaft und lehrten dich Verantwortung. Diese besonderen Beziehungen schufen oft lebenslange Erinnerungen. Welche Tiere waren Teil deiner frühen Jahre?

1.Was war dein erstes Haustier, und wie wurde es Teil deiner Familie?

2.Welche Aufgaben hattest du bei der Pflege deines Haustiers?

3.Wie hast du Zeit mit deinem Haustier verbracht?

Sommerfreiheit

Denk zurück an die unbeschwerten Sommertage deiner Kindheit. Wie hast du die langen, sonnigen Tage verbracht, wenn die Schule aus war? Teile die besonderen Orte, Aktivitäten und Leckereien, die den Sommer für dich magisch gemacht haben.

1.Wie hast du die meisten Sommertage in deiner Kindheit verbracht?

2.Hat deine Familie Urlaub gemacht, und wohin seid ihr gefahren?

3.Welche Sommerleckereien oder -gerichte hast du am meisten genossen?

Aufwachsen mit Geschwistern

Geschwister können gleichzeitig deine größten Rivalen und deine treuesten Verbündeten sein. Wie war es, deine Kindheit mit Geschwistern zu teilen? Denk an die besondere Bindung, die durch gemeinsames Spielen, Streit und Zusammenhalt entstanden ist.

1.Welche Spiele hast du mit deinen Geschwistern gespielt, von denen eure Eltern nichts wussten?

2.Wie habt ihr Geschwister das Haus in „Reviere" aufgeteilt?

3.An welchen großen Streit mit einem Geschwister erinnerst du dich, und wie habt ihr euch wieder vertragen?

Weisheit der Älteren

Deine Großeltern verbanden dich mit der Familiengeschichte und Traditionen. Welche besonderen Erinnerungen hast du an die Zeit mit ihnen? Denk an die Fähigkeiten, Geschichten und Weisheiten, die sie mit dir geteilt haben und die dich noch heute beeinflussen.

1.Welche Fähigkeiten oder Hobbys haben dir deine Großeltern beigebracht?

2.Welche Geschichten haben sie über ihre eigene Kindheit erzählt?

3.Gibt es eine Lebensweisheit oder einen Spruch von deinen Großeltern, der dir bis heute im Gedächtnis geblieben ist?

2

Erwachsenwerden

Zwischen Kindheit und Erwachsensein liegt eine Zeit voller Veränderung. Wir möchten die Geschichten hören, wie du dich selbst gefunden hast, Grenzen ausgetestet hast und zu dem Mann wurdest, der du heute bist.

Ein Teenager werden

*Die Teenagerjahre bringen aufregende Veränderungen und neue Her-
ausforderungen mit sich. Wie hast du diese Zeit zwischen Kindheit
und Erwachsensein gemeistert? Denk darüber nach, wie du in diesen
prägenden Jahren begonnen hast, deine eigene Identität zu entwickeln.*

1.Wie hat sich deine Beziehung zu deinen Eltern in dieser Zeit
verändert?

2.Welche neuen Verantwortungen kamen mit dem Teenageralter auf
dich zu?

3.Wer hat dich in deiner Jugend am meisten inspiriert oder beeinflusst?

Die Schulzeit

Die Schulzeit prägt viele Menschen nachhaltig. Was ist dir am meisten von deinen Schuljahren in Erinnerung geblieben? Denk an die Unterrichtsfächer, Lehrer und sozialen Erlebnisse, die deine Teenagerwelt geprägt haben.

1.Wie war deine weiterführende Schule, und welche Fächer haben dich besonders fasziniert?

2.Wer war dein Lieblingslehrer, und warum war sein Unterricht so besonders?

3.Wie sah dein soziales Leben während der Schulzeit aus?

Grenzen austesten

Die meisten Teenager stellen Regeln und Erwartungen in Frage. Wie hast du Grenzen ausgetestet oder deine Unabhängigkeit bewiesen? Erzähl, wie diese Erfahrungen dir etwas über Konsequenzen beigebracht und deine Werte geprägt haben.

1.Bist du jemals heimlich nachts rausgegangen, und wohin bist du dann gegangen?

2.Welches Abenteuer, bei dem du gegen Regeln verstoßen hast, hat dich in die größten Schwierigkeiten gebracht?

3.Wie haben deine Eltern reagiert, wenn du die Grenzen überschritten hast?

Das Spielfeld

In den Teenagerjahren werden körperliche Aktivitäten und Hobbys oft wichtig. Welche Aktivitäten haben dein Interesse und deine Energie gefesselt? Denk daran, wie diese Beschäftigungen dir geholfen haben, Fähigkeiten und Selbstbewusstsein zu entwickeln.

1.Für welche Sportarten oder Aktivitäten hast du dich als Teenager besonders begeistert?

2.Welche Fähigkeiten haben dir diese Hobbys über die Aktivität selbst hinaus vermittelt?

3.Hast du Wettbewerbe oder Auszeichnungen gewonnen, und wie war diese Erfahrung für dich?

Wichtige Entscheidungen

In den Teenagerjahren trifft man oft Entscheidungen, die den zukünftigen Weg beeinflussen können. Vor welchen wichtigen Entscheidungen standest du in dieser Zeit? Denk darüber nach, wie du diese Kreuzungen gemeistert hast und was du aus deinen Entscheidungen gelernt hast.

1.Was war die erste große Entscheidung, die du als Teenager eigenständig getroffen hast?

2.Wie hast du entschieden, was du nach der Schule machen wolltest?

3.Für welchen großen Kauf hast du gespart, und wie hast du das Geld verdient?

Wichtige Mentoren

Erwachsene außerhalb der Familie bieten oft einzigartige Unterstützung in den Teenagerjahren. Wer hat deinen Weg in dieser prägenden Zeit mitgestaltet? Denk an die besonderen Menschen, die dein Potenzial erkannt und dir wichtige Fähigkeiten oder Perspektiven vermittelt haben.

1.Wer war dein einflussreichster Mentor in deiner Jugend?

2.Welche speziellen Lektionen oder Fähigkeiten hat dir diese Person beigebracht?

3.Wie hast du diesen Mentor kennengelernt, und warum habt ihr euch so gut verstanden?

Erste Romanzen

Frühe Beziehungen bringen aufregende neue Gefühle und wichtige Lebenslektionen mit sich. Was erinnerst du dich an deine ersten romantischen Erfahrungen? Denk an die ersten Verbindungen, die dir gezeigt haben, wie es ist, jemanden zu mögen.

1.Wer war deine erste große Schwärmerei oder Freundin, und wie habt ihr euch kennengelernt?

2.Was habt ihr bei deinem ersten richtigen Date gemacht?

3.Wie bist du mit deinem ersten Liebeskummer umgegangen?

Freundschaftsbande

Die Freunde, die man als Teenager auswählt, sind oft Zeugen des eigenen Wachstums und der Veränderungen. Wer stand dir in diesen prägenden Jahren zur Seite? Denk daran, wie diese Beziehungen dich geprägt und welche Erinnerungen ihr gemeinsam geschaffen habt.

1.Wer waren deine engsten Freunde in deiner Jugend?

2.Welche Abenteuer oder Missgeschicke habt ihr zusammen erlebt?

3.Hast du noch Kontakt zu einigen deiner Jugendfreunde?

Wachsende Unabhängigkeit

Die ersten Schritte in Richtung Freiheit und Mobilität markieren einen bedeutenden Meilenstein im Teenagerleben. Wie hast du deine ersten Erfahrungen mit Unabhängigkeit erlebt? Teile die Aufregung und Verantwortung, die mit der Möglichkeit kamen, alleine loszuziehen.

1. Wann und wie hast du das Autofahren gelernt?

2. Wohin ging deine erste Reise allein, ohne Begleitung von zu Hause?

3. Was war dein erstes Auto, und wie hast du es dir angeschafft?

Aus Fehlern lernen

Teenager lernen oft wertvolle Lektionen aus Fehltritten und schlechten Entscheidungen. Welche herausfordernden Erfahrungen haben dir wichtige Lektionen beigebracht? Denk darüber nach, wie diese Momente dein Verständnis von Konsequenzen und Verantwortung geprägt haben.

1. Welche ernsthaften Schwierigkeiten hattest du als Teenager?

2. Wie haben deine Eltern oder andere Erwachsene auf deine Fehler reagiert?

3. Welche praktischen Lektionen hast du aus deinen größten Fehlern in der Jugend gelernt?

Jugendträume

In den Teenagerjahren brennt man oft vor Ehrgeiz und Visionen für die Zukunft. Welche Hoffnungen und Träume haben dich in dieser Zeit motiviert? Denk an die Ziele, die deine Entscheidungen geleitet und dir ein Gefühl von Sinn gegeben haben.

1.Was waren deine größten Träume und Ambitionen als Teenager?

2.Wer oder was hat diese Ziele inspiriert?

3.Welche konkreten Schritte hast du unternommen, um diese Träume zu verwirklichen?

3

Den richtigen Weg finden

Bevor das Familienleben begann, war da deine Reise zur Selbstfindung. Erzähl uns, wie Entschlossenheit, harte Arbeit und die ersten Herausforderungen des Lebens dich geprägt haben.

Das Elternhaus verlassen

Auf eigenen Beinen zu stehen, ist aufregend und herausfordernd zugleich. Wie war es für dich, als du zum ersten Mal unabhängig von deinem Elternhaus warst? Denk an diese ersten Tage, in denen du das Erwachsensein auf deine eigene Weise gemeistert hast.

1.Was war deine erste Erfahrung, wirklich auf dich allein gestellt zu sein?

2.Was hat dich am meisten überrascht, als du zum ersten Mal alleine gelebt hast?

3.Welche praktischen Fähigkeiten hättest du dir gewünscht, schon vor dem Auszug zu lernen?

Der erste richtige Job

Seinen eigenen Lebensunterhalt zu verdienen, ist ein wichtiger Meilenstein im Erwachsenenleben. Woran erinnerst du dich, als du in die Arbeitswelt eingestiegen bist? Denk daran, wie dein erstes Gehalt und deine ersten Arbeitserfahrungen dein Verständnis von Arbeit und Verantwortung geprägt haben.

1.Was war dein erster richtiger Job, und wie bist du dort eingestellt worden?

2.Wie hoch war dein erstes Gehalt, und was hast du mit dem Geld gemacht?

3.Wie sah ein typischer Tag in deinem ersten Job aus?

Rückschläge überwinden

Nicht alles läuft nach Plan, wenn man auf eigenen Beinen steht. Welche großen Herausforderungen hast du in deinen frühen Erwachsenenjahren gemeistert? Denk darüber nach, wie du mit Enttäuschungen umgegangen bist und was diese Erfahrungen dir über Durchhaltevermögen beigebracht haben.

1. Was war dein größter Rückschlag oder Fehler in deiner frühen Erwachsenenzeit?

2. Welche konkreten Schritte hast du unternommen, um das Hindernis zu überwinden?

3. Welche Fähigkeiten oder Lektionen hast du aus dieser Herausforderung gewonnen?

Fähigkeiten entwickeln

Das Erwachsenenleben erfordert das Erlernen von Fähigkeiten, die einen ein Leben lang begleiten. Welche wichtigen Fähigkeiten hast du in dieser Zeit erworben? Denk sowohl an praktische Fertigkeiten als auch an das Wissen, das dir geholfen hat, unabhängig zu leben.

1.Welche wichtige Fähigkeit hat am längsten gedauert, bis du sie gemeistert hast?

2.Wie hast du dir Dinge beigebracht, die dir niemand gezeigt hat?

3.Welche formale Bildung oder Ausbildung hast du nach der Schule gemacht?

Deinen Weg finden

Bedeutungsvolle Arbeit zu finden, erfordert oft Erkundung und Ausprobieren. Wie hast du in deinem Berufsleben Orientierung gefunden? Denk an die Reise, die dich zu einer Arbeit geführt hat, die deinen Talenten und Interessen entsprach.

1.Wie hast du herausgefunden, was du beruflich machen möchtest?

2.Welche unterschiedlichen Karrieren oder Wege hast du in Betracht gezogen, bevor du deinen Fokus gefunden hast?

3.Was war das erste Projekt oder der erste Erfolg, der dir ein tiefes Gefühl der Zufriedenheit gegeben hat?

Wichtige Unterstützer

Erfolg kommt selten ohne die Hilfe anderer. Wer hat in deiner frühen beruflichen Entwicklung eine wichtige Rolle gespielt? Denk an die Menschen, die dir Orientierung, Chancen oder Ermutigung gegeben haben, als du deinen Weg gefunden hast.

1. Wer war dein wichtigster beruflicher Mentor, und wie hast du ihn oder sie kennengelernt?

2. Welcher Rat oder welche Technik eines Mentors hat dein Herangehen an die Arbeit am meisten beeinflusst?

3. Was hast du getan, um den Menschen zu danken, die dir geholfen haben?

Die Entscheidungskreuzungen

Die frühen Erwachsenenjahre bringen oft Entscheidungen mit sich, die weitreichende Konsequenzen haben. Welche großen Entscheidungen haben die Richtung deines Lebens in dieser Zeit geprägt? Denk daran, wie du diese wichtigen Kreuzungen gemeistert hast und welchen Einfluss sie auf deine Zukunft hatten.

1.Was war die folgenreichste Entscheidung, die du in deinen frühen Zwanzigern getroffen hast?

2.Wie hast du deine Optionen abgewogen, als du vor dieser großen Entscheidung standest?

3.Was hat sich in deinem Leben direkt nach dieser Entscheidung verändert?

4

Verbundene Herzen

Manche Geschichten verändern alles. Erzähl uns, wie du Oma kennengelernt hast – wie eure Liebe begann, wie sie zu einer Partnerschaft wuchs und wie sie die Familie geschaffen hat, der wir heute angehören.

Das erste Treffen

Der Beginn einer bedeutsamen Beziehung wird oft zu einer kost-baren Erinnerung. Was erinnerst du dich daran, als du Oma das erste Mal getroffen hast? Denk an diese erste Begegnung und deine ersten Eindrücke zurück.

1. Wo genau warst du, als du Oma das erste Mal getroffen hast?

2. Was hatte sie an oder was hat sie gemacht, als du sie zum ersten Mal bemerkt hast?

3. Wer hat zuerst gesprochen, und welche Worte habt ihr zuerst aus-getauscht?

Ihre Welt entdecken

In den frühen Tagen einer Beziehung lernt man, wer jemand wirklich ist – über die ersten Eindrücke hinaus. Denk daran, wie ihr mehr über die Persönlichkeiten, Interessen und Hintergründe des anderen erfahren habt.

1. Welche Aktivitäten oder Interessen habt ihr beide entdeckt, die ihr gemeinsam habt?

2. Wo habt ihr euch in den ersten Tagen meistens getroffen, um zu reden?

3. Was hat dich am meisten an ihr überrascht, als du sie besser kennengelernt hast?

Das erste Date

Ein erstes Date markiert oft den offiziellen Beginn einer roman-
tischen Beziehung. Was erinnerst du dich an euer erstes richtiges
Date? Denk an die Gespräche und Gefühle zurück, die diesen be-
sonderen Anlass begleitet haben.

1.Wohin hast du Oma bei eurem ersten richtigen Date ausgeführt?

2.Weißt du noch, worüber ihr euch bei eurem ersten Date unterh-
alten habt?

3.Gab es etwas Unerwartetes oder besonders Unvergessliches an diesem Abend?

Der perfekte Moment

Erzähl uns von dem lebensverändernden Moment, als du wusstest, dass es Zeit war, ihr einen Antrag zu machen. Welche Emotionen und Gedanken gingen dir durch den Kopf, als du dich darauf vorbereitet hast, diese besondere Frage zu stellen?

1.Wie lange wart ihr zusammen, bevor du dich entschieden hast, ihr einen Antrag zu machen?

2.Wie hast du den Antrag geplant, und wo hat er stattgefunden?

3.Welche genauen Worte hast du benutzt, als du sie gefragt hast, ob sie dich heiraten möchte?

Der Countdown für immer

Teile die Aufregung und Vorfreude beim Planen eures Hochzeitstags. Welche Momente stechen hervor, während du und deine zukünftige Frau die Feier vorbereitet habt, die euer gemeinsames Leben einleiten sollte?

1.Wie lange war eure Verlobung, und wer hat bei der Hochzeitsplanung geholfen?

2.Was war die größte Herausforderung bei der Vorbereitung auf den großen Tag?

3.Welche Entscheidungen habt ihr gemeinsam für die Zeremonie und die Feier getroffen?

Euer Hochzeitstag

Erzähl uns von diesem wunderschönen Tag, an dem du und Oma „Ja" gesagt habt. Welche Erinnerungen kommen dir in den Sinn, wenn du an die Momente vor, während und nach der Zeremonie denkst?

1.An welchem Datum habt ihr geheiratet, und wo fand die Zeremonie statt?

2.Welche Details der Zeremonie sind dir am lebhaftesten in Erinnerung geblieben?

3.Wo war eure Hochzeitsreise, und wie habt ihr diesen besonderen Moment gefeiert?

Das erste gemeinsame Zuhause

Erzähl uns davon, wie ihr euer erstes gemeinsames Zuhause geschaffen habt. Wie war es, euren eigenen Raum einzurichten und ein Leben zu zweit aufzubauen?

1.Wo war euer erstes gemeinsames Zuhause, und wie habt ihr es gefunden?

2.Wie habt ihr eure erste Wohnung eingerichtet und dekoriert?

3.Hattet ihr einen Lieblingsplatz oder ein Lieblingszimmer in eurem ersten Zuhause?

Euren Rhythmus finden

Teile, wie du und Oma euch an das Eheleben gewöhnt habt. Welche Erinnerungen an die ersten gemeinsamen Schritte und an das Arbeiten als Team sind dir besonders geblieben?

1.Welche Haushaltsaufgaben habt ihr jeweils übernommen?

2.Welche neuen Gewohnheiten oder Traditionen habt ihr als frisch Verheiratete etabliert?

3.Was hast du nach der Hochzeit an Oma entdeckt, das dich überrascht hat?

Gemeinsam stärker werden

Denk an die erste große Herausforderung zurück, der ihr euch als Ehepaar gestellt habt. Wie hat das gemeinsame Meistern dieser Situation eure Beziehung geprägt?

1. Was war die erste große Herausforderung, die ihr als verheiratetes Paar bewältigt habt?

2. Welche praktischen Schritte habt ihr unternommen, um das Hindernis zu überwinden?

3. Wie habt ihr euch gegenseitig in dieser schwierigen Zeit unterstützt?

5

Die Reise als Vater

Nichts verändert ein Leben so sehr wie die Rolle des Elternseins. Wie war es, dein erstes Kind in den Armen zu halten? Erzähl von den Überraschungen, den Opfern und der Freude, deinen Kindern beim Großwerden zuzusehen.

Das erste Kind kennenlernen

Nimm uns mit zu dem Moment, in dem du zum ersten Mal Vater wurdest. Welche Gefühle haben dich überflutet, als du dein Baby zum ersten Mal gehalten hast?

1.An welchem Datum und zu welcher Uhrzeit wurde dein erstes Kind geboren?

2.Was ist in den Stunden vor der Geburt passiert?

3.Erinnerst du dich an die ersten Worte, die du gesagt hast, als du dein Baby gesehen hast?

Die ersten Tage

Teile deine Erinnerungen an die kostbaren ersten Wochen als frischgebackener Papa. Was ist dir besonders in Erinnerung geblieben – die stillen Momente und die täglichen Abenteuer beim Lernen, wie man sich um das Kleine kümmert?

1.Welche Aufgabe bei der Babypflege fandest du anfangs am schwierigsten?

2.Welche Tricks hast du entdeckt, um ein weinendes Baby zu beruhigen?

3.Welcher Babyartikel oder welches Hilfsmittel war in den ersten Tagen am nützlichsten?

Von deinen Kindern lernen

Kinder bringen Erwachsenen oft genauso viel bei wie umgekehrt. Welche unerwarteten Lektionen hast du von deinen Kindern gelernt? Denk daran, wie sie dir geholfen haben, die Welt mit neuen Augen zu sehen und neue Perspektiven zu gewinnen.

1.Welches deiner Kinder hat dir am meisten über Geduld beige-bracht, und wie?

2.Was war das Überraschendste, was dir eines deiner Kinder beige-bracht hat?

3.Wie haben deine Kinder dir geholfen, die Welt anders zu sehen?

Mit deinen Kindern spielen

Spiel und Spaß schaffen besondere Verbindungen zwischen Eltern und Kindern. Welche Aktivitäten haben dir und deinen Kindern am meisten Freude bereitet? Denk an die fröhlichen Momente zurück, die eure Beziehung gestärkt haben.

1.Welche Spiele oder Aktivitäten hast du regelmäßig mit deinen Kindern genossen?

2.Welche besonderen Ausflüge oder Traditionen hast du mit deinen Kindern eingeführt?

3.Gab es eine Geschichte, die deine Kinder immer und immer wieder hören wollten?

Sie beim Wachsen beobachten

Die Meilensteine deiner Kinder markieren auch wichtige Kapitel im Leben eines Vaters. Welche Momente in der Entwicklung deiner Kinder sind dir besonders im Gedächtnis geblieben? Denk an die Erfolge, Feierlichkeiten und Übergänge, die dich als Vater mit Stolz erfüllt haben.

1.Welcher Erfolg deiner Kinder hat dich am meisten stolz gemacht?

2.Wie habt ihr wichtige Meilensteine im Leben deiner Kinder gefeiert?

3.Welches Schulereignis oder welche Aufführung ist dir am lebhaftesten in Erinnerung geblieben?

6

Der Wert der Arbeit

Arbeit ist mehr als das, was wir tun – sie ist ein Teil davon, wer wir sind. Erzähl uns von den Jobs, die du hattest, den Lektionen, die du gelernt hast, und wie deine harte Arbeit ein sinnvolles Leben aufgebaut hat.

Die ersten Tage im Job

Ein neuer Job hinterlässt oft bleibende Erinnerungen. Wie war es, als du deine erste bedeutende Stelle begonnen hast? Denk an die ersten Tage zurück und an die Mischung aus Aufregung und Unsicherheit, die damit einherging.

1.Was war dein erster bedeutender Job, und wie bist du eingestellt worden?

2.Erinnerst du dich daran, was du an deinem ersten Arbeitstag getragen hast?

3.Welche Aufgaben wurden dir in deiner ersten Woche zugeteilt?

Die Grundlagen lernen

Die Beherrschung von Arbeitsfähigkeiten braucht Zeit und oft auch das Lernen aus Fehlern. Wie hast du in deinen ersten Berufsjahren Kompetenz entwickelt? Denk an die wichtigen Lektionen und Menschen, die deine beruflichen Fähigkeiten geprägt haben.

1.Welche wichtige Fähigkeit musstest du bei der Arbeit zuerst meistern?

2.Welcher Fehler hat dir eine wertvolle Lektion über deinen Beruf beigebracht?

3.Gab es Werkzeuge oder Ausrüstung, die du im Job erst lernen musstest zu benutzen?

Deine Berufung finden

Viele Menschen probieren verschiedene Wege aus, bevor sie Arbeit finden, die wirklich zu ihnen passt. Wie hast du sinnvolle Arbeit in deinem Leben gefunden? Denk an die Reise, die dich zu einer Karriere führte, die deinen Fähigkeiten und Interessen entsprach.

1.Wie viele verschiedene Jobs oder Karrieren hast du ausprobiert, bevor du deinen Weg gefunden hast?

2.Welche Talente oder Fähigkeiten hast du durch deine Arbeit bei dir entdeckt?

3.Wann hast du erkannt, dass du die richtige Karriere oder den richtigen Job gefunden hast?

Der Arbeitsalltag

Regelmäßige Arbeitstage bilden das Rückgrat einer Karriere. Wie sah dein typischer Arbeitstag in deinen produktivsten Berufsjahren aus? Denk an die Routinen, Herausforderungen und Zufriedenheiten zurück, die deinen Arbeitsalltag geprägt haben.

1. Wie sah dein typischer Tagesablauf in deinen besten Arbeitsjahren aus?

2. Wie war dein Arbeitsweg, und wie bist du zur Arbeit gekommen?

3. Wie sah dein Arbeitsplatz aus, und wie hast du ihn organisiert?

Berufliche Mentoren

Die Anleitung durch erfahrene Kollegen kann einen großen Unterschied in der Karriere machen. Wer hat deine berufliche Entwicklung geprägt? Denk an die Menschen, die deinen Arbeitsethos, deine Fähigkeiten und deinen Ansatz in deiner Karriere beeinflusst haben.

1.Wer war dein wichtigster beruflicher Mentor, und wie hat diese Person dich geleitet?

2.Welche spezielle Technik oder Herangehensweise hat dir jemand beigebracht, die du noch heute schätzt?

3.Was war der beste Rat, den dir ein Vorgesetzter oder Kollege jemals gegeben hat?

Momente des Erfolgs

Jeder hat berufliche Momente, auf die er besonders stolz ist. Welche Erfolge in deinem Arbeitsleben haben dir die größte Zufriedenheit gebracht? Denk an die Projekte, Anerkennungen oder Meilensteine, die deine besten Leistungen repräsentieren.

1.Was betrachtest du als deinen größten Erfolg in deinem Berufsleben?

2.Auf welches Projekt oder welche Kreation bist du besonders stolz, es fertiggestellt zu haben?

3.Wie hast du deine bedeutenden beruflichen Erfolge gefeiert?

Berufliche Herausforderungen

Das Arbeitsleben bringt unvermeidlich Rückschläge und Hindernisse mit sich, die es zu überwinden gilt. Welche bedeutenden Enttäuschungen oder Misserfolge hast du in deiner Karriere erlebt? Denk daran, wie du mit diesen Schwierigkeiten umgegangen bist und was sie dir über Durchhaltevermögen beigebracht haben.

1.Was war dein größter beruflicher Misserfolg oder Rückschlag?

2.Wie bist du mit einer Situation umgegangen, in der du einen gravierenden Fehler bei der Arbeit gemacht hast?

3.Gab es eine Zeit, in der du nach einem beruflichen Rückschlag neu anfangen oder etwas wieder aufbauen musstest?

7

Der Anker der Familie

Jede Familie braucht ihr festes Zentrum. Erzähl uns, wie du zum Herzstück unserer Familie wurdest – derjenige, zu dem wir alle für Stärke, Weisheit und Liebe aufblicken.

Familientraditionen

Regelmäßige Bräuche und Feiern helfen dabei, eine familiäre Identität und Verbindung zu schaffen. Welche besonderen Traditionen haben deine Familie über die Jahre zusammengebracht? Denk an die bedeutungsvollen Rituale, die ein Gefühl von Zugehörigkeit und Kontinuität geschaffen haben.

1.Auf welche Familientradition hast du dich jedes Jahr am meisten gefreut?

2.Was hast du getan, um wichtige kulturelle oder familiäre Bräuche lebendig zu halten?

3.Welches Feiertags- oder Ritual würdest du dir wünschen, dass zukünftige Generationen es weiterführen?

Für andere da sein

Manchmal brauchen Familienmitglieder einfach jemanden, der ihren Sorgen wirklich zuhört. Wie hast du deine Familie in schwierigen Zeiten unterstützt? Denk darüber nach, wie du dich verfügbar gemacht hast, wenn deine Liebsten Rat oder ein offenes Ohr brauchten.

1.Wie hast du es geschafft, dass Familienmitglieder sich wohl fühlten, wenn sie Rat suchten?

2.Welche Herangehensweise hattest du, wenn jemand mit einem Problem zu dir kam?

3.Gab es ein Familienmitglied, das besonders häufig deinen Rat suchte, und worum ging es dabei meistens?

Familienprobleme lösen

Jede Familie steht vor Herausforderungen, die kreative Lösungen erfordern. Welche Rolle hast du bei der Bewältigung familiärer Schwierigkeiten gespielt? Denk an Situationen, in denen deine Intervention oder Herangehensweise geholfen hat, komplizierte Probleme zu lösen.

1.Was war die größte Familienkrise, bei der du geholfen hast, sie zu lösen?

2.Wie bist du mit Konflikten zwischen Familienmitgliedern umgegangen?

3.Kannst du dich an eine Zeit erinnern, in der du ein Familienproblem auf eine besonders kreative Weise gelöst hast?

Familientreffen

Zusammenkommen für Feiern schafft wichtige Erinnerungen und stärkt die Bindungen. Was machte Familientreffen in deinem Haushalt besonders? Denk an die unvergesslichen Momente zurück, als die erweiterte Familie zusammenkam, und was diese Zeiten so bedeutungsvoll gemacht hat.

1.An welches Familientreffen erinnerst du dich am liebsten, und warum?

2.Wie hast du dich auf große Familienfeiern vorbereitet?

3.Gab es Spiele oder Aktivitäten, die bei Familientreffen immer alle zusammengebracht haben?

Der Beschützer der Familie

Sich um die Liebsten zu kümmern, bedeutet manchmal, sie vor Schaden oder Schwierigkeiten zu bewahren. Wie hast du die Rolle des Beschützers in deiner Familie erfüllt? Denk an die verschiedenen Wege, wie du deine Familie sicher, geborgen und beschützt gehalten hast.

1.Wann musstest du ein Familienmitglied physisch vor Schaden bewahren?

2.Wie hast du die finanzielle Sicherheit deiner Familie in schwierigen Zeiten gewährleistet?

3.Welche Schritte hast du unternommen, um sicherzustellen, dass dein Zuhause und deine Familie geschützt bleiben?

Erfolge unterstützen

Bei wichtigen Momenten der Familie dabei zu sein, um Erfolge zu feiern, schafft bleibende Bindungen. Wie hast du die Erfolge deiner Familie gewürdigt? Denk an die Wege, wie du Erfolge gefeiert und deine Liebsten bei ihren Errungenschaften unterstützt hast.

1. Wie hast du die Erfolge verschiedener Familienmitglieder gefeiert?

2. Welcher Erfolg deiner Familie hat dich als Familienoberhaupt am meisten stolz gemacht?

3. Wie hast du Familienmitglieder ermutigt, die Schwierigkeiten hatten, ihre Ziele zu erreichen?

Spuren der Zeit

Das Zeichen eines erfüllten Lebens zeigt sich oft in den Werten, die an zukünftige Generationen weitergegeben werden. Welchen bleibenden Eindruck möchtest du in deiner Familie hinterlassen?

1.Welchen Familienwert oder welches Prinzip möchtest du am liebsten für kommende Generationen bewahren?

2.Wie hast du die nächste Generation darauf vorbereitet, Führungsrollen in der Familie zu übernehmen?

3.Welche greifbaren Gegenstände oder Erinnerungsstücke hast du bewahrt, um sie in der Familie weiterzugeben?

8

Liebe, die sich vervielfacht

Man sagt, Großeltern zu werden, ist eine zweite Chance auf perfekte Liebe. Erzähl uns von der Freude, deine Kinder ihre eigenen großziehen zu sehen, und von der besonderen Bindung, die du zu uns hast.

Das erste Treffen

Der Moment, in dem du dein erstes Enkelkind kennenlernst, schafft eine besondere Erinnerung. Wie war es, als du dein Enkelkind zum ersten Mal gehalten hast? Denk an diese ersten Augenblicke und die Gefühle zurück, die mit dieser neuen Beziehung einhergingen.

1. Wo warst du, als du dein erstes Enkelkind gehalten hast, und wer hat dir das Baby übergeben?

2. Wie sah dein erstes Enkelkind aus, und wem hat es ähnlich gesehen?

3. Was hast du gesagt oder getan, als du dein Enkelkind zum ersten Mal gehalten hast?

Eine andere Art von Liebe

Großeltern zu sein, bietet eine einzigartige Beziehung zu Kindern, die sich vom Elternsein unterscheidet. Wie hat sich das Großvatersein im Vergleich zum Vatersein angefühlt? Denk an die besonderen Freuden und Freiheiten, die diese Rolle mit sich bringt.

1.Welche Aktivitäten genießt du mit deinen Enkelkindern, die du mit deinen eigenen Kindern selten gemacht hast?

2.Wie hat sich dein Umgang mit Kindern als Großvater verändert?

3.Welche Freiheiten hast du als Großvater, die du als Vater nicht hattest?

Familiengeschichten teilen

Großeltern werden oft die Bewahrer und Erzähler der Familieng-eschichte. Welche Geschichten teilst du mit deinen Enkelkindern? Denk an die Erzählungen aus deinem Leben oder der Familieng-eschichte, die du der jüngsten Generation weitergegeben hast.

1.Welche Geschichte wollen deine Enkelkinder am häufigsten von dir hören?

2.Welche Familiengeschichte oder persönliche Erfahrung möchtest du jedem Enkelkind unbedingt erzählen?

3.Welche wichtige Lektion hast du versucht, durch deine Geschicht-en zu vermitteln?

Zusehen, wie sie wachsen

Großeltern haben das Privileg, die Entwicklung von Kindern aus einer besonderen Perspektive zu beobachten. Wie war es, deine Enkelkinder wachsen und sich verändern zu sehen? Denk an die Meilensteine und Entwicklungen zurück, die du in ihrem Leben miterlebt hast.

1. Welcher Meilenstein oder Erfolg eines Enkelkindes hat dich besonders stolz gemacht?

2. Wie dokumentierst oder hältst du das Wachstum und die Erfolge deiner Enkelkinder fest?

3. Welches unerwartete Talent oder welche Fähigkeit hast du bei einem deiner Enkelkinder entdeckt?

Traditionen weitergeben

Familienbräuche verbinden Generationen und schaffen bleibende Er-
innerungen. Welche bedeutungsvollen Traditionen hast du mit deinen
Enkelkindern geteilt? Denk daran, wie du wichtige Familienpraktik-
en bewahrt und vielleicht neue geschaffen hast.

1.Welche Familientradition hast du am liebsten mit deinen Enkelkindern geteilt?

2.Welche neue Tradition hast du speziell mit deinen Enkelkindern
geschaffen?

3.Wie vermittelst du die Bedeutung und Geschichte von Familientraditionen an deine Enkelkinder?

Besondere Ausflüge

Gemeinsame Erlebnisse schaffen einzigartige Bindungen zwischen Großeltern und Enkeln. Welche Abenteuer oder Aktivitäten hast du mit deinen Enkelkindern genossen? Denk an die besonderen Ausflüge, Fähigkeiten oder Bräuche, die mit der jüngsten Generation „euer Ding" wurden.

1. Welche regelmäßige Aktivität oder welcher Ausflug wurde „euer Ding" mit deinen Enkelkindern?

2. Welche Fähigkeit oder welches Hobby hast du deinen Enkelkindern beigebracht?

3. Was war der ehrgeizigste Ausflug oder die größte Aktivität, die du mit deinen Enkelkindern unternommen hast?

Kostbare Momente

Kleine Interaktionen mit Enkelkindern werden oft zu wertvollen Erinnerungen. Welche einfachen Momente mit deinen Enkelkindern haben dein Herz berührt? Denk an die herzerwärmenden Erlebnisse zurück, die die besondere Beziehung zwischen euch widerspiegeln.

1.Was war das Lustigste oder Unterhaltsamste, das ein Enkelkind je gesagt oder getan hat?

2.Welches Geschenk oder welche Geste eines Enkelkindes hat dir am meisten bedeutet?

3.Gibt es ein Foto oder eine Erinnerung an ein Enkelkind, die du besonders schätzt?

9

Die Leidenschaften eines Mannes

Das Leben besteht aus mehr als Arbeit und Verpflichtungen. Erzähl uns von den Hobbys, Abenteuern und kleinen Freuden, die dein Leben bereichert und ihm mehr Bedeutung verliehen haben.

Lieblingsfilme

Filme können zu wichtigen Wegbegleitern im Leben werden. Welche Filme waren dir im Laufe der Jahre besonders wichtig? Denk an unvergessliche Filmerlebnisse und daran, wie das Kino Teil deines Lebens war.

1.Welchen Film hast du als erstes im Kino gesehen, und wo war das?

2.Welchen Schauspieler oder welche Schauspielerin hast du am meisten bewundert, und in welchen Filmen?

3.Welchen Film hast du öfter gesehen als jeden anderen, und warum?

Die Liebe zum Lesen

Bücher bieten Begleitung, Weisheit und eine Flucht aus dem Alltag in verschiedenen Lebensphasen. Welche Rolle haben Bücher in deinem Leben gespielt? Denk an die Geschichten und Ideen, die dein Denken beeinflusst oder dir Freude bereitet haben.

1. Welches Buch hatte den größten Einfluss darauf, wie du denkst oder lebst?

2. Mit welcher literarischen Figur konntest du dich am meisten identifizieren oder die du bewundert hast?

3. Wie hast du in deinen geschäftigsten Jahren Zeit zum Lesen gefunden?

Sammlungen und Andenken

Das Sammeln von Gegenständen mit besonderer Bedeutung kann zu einer lebenslangen Leidenschaft werden. Hast du im Laufe deines Lebens etwas gesammelt? Denk an die Sammlungen, die du aufgebaut hast, und die Geschichten hinter deinen Lieblingsstücken.

1.Welche speziellen Gegenstände hast du gesammelt, und wann hast du damit angefangen?

2.Wie hast du deine Sammlung präsentiert oder aufbewahrt?

3.Gibt es eine besondere Geschichte hinter deinem Lieblingsstück in der Sammlung?

Aktivitäten in der Natur

Viele Menschen finden Frieden, Herausforderung oder Freude in der Natur. Welche Erlebnisse in der Natur waren dir wichtig? Denk an die Landschaften und Aktivitäten zurück, die dir Erfüllung oder Abenteuer gebracht haben.

1. Welche Outdoor-Aktivität hast du am meisten genossen?

2. Welcher natürliche Ort war dein Lieblingsplatz, und warum?

3. Kannst du dein unvergesslichstes Erlebnis in der Natur schildern, sei es ein Abenteuer oder ein Missgeschick?

Handwerk und Kreativität

Mit den eigenen Händen etwas Neues zu schaffen, bringt eine besondere Zufriedenheit. Welche Projekte oder handwerklichen Tätigkeiten hast du im Laufe deines Lebens genossen? Denk an die Fähigkeiten, die du entwickelt hast, und an die Freude, etwas Greifbares zu erschaffen.

1.Welchem handwerklichen Hobby hast du die meiste Zeit gewidmet?

2.Welche Werkzeuge waren für dein Handwerk oder Hobby unverzichtbar?

3.Auf welches Projekt bist du am meisten stolz, es vollendet zu haben?

Der Soundtrack deines Lebens

Musik verbindet sich oft mit unseren bedeutendsten Erinnerungen und Erlebnissen. Welche Rolle hat Musik in deinem Leben gespielt? Denk an deine Lieblingslieder, Künstler oder musikalischen Erlebnisse, die deinen Lebensweg untermalt haben.

1.Welche Musik hast du in deinen Jugendjahren gehört?

2.Hast du ein Musikinstrument gespielt, und wie hast du es gelernt?

3.Gibt es ein Lied, das dich an einen bestimmten Moment oder eine Erinnerung in deinem Leben erinnert?

Sport und Wettbewerb

Sportliche Aktivitäten bringen Spannung, Gemeinschaft und Herausforderungen ins Leben. Welche Sportarten waren für dich von Bedeutung? Denk an deine Erlebnisse als Spieler oder Fan und an die unvergesslichen Momente.

1. Welchen Sport hast du am liebsten gespielt, und welche Position?

2. Welches Team hast du am treuesten unterstützt, und wie begann diese Leidenschaft?

3. Was war das spannendste Sportereignis, das du je live miterlebt hast?

Ruhige Beschäftigungen

Zeit für sich selbst zu finden, bringt Balance und Erneuerung. Welche friedlichen Hobbys haben dir im Laufe deines Lebens viel bedeutet? Denk an die Momente, in denen du durch Ruhe und Einsamkeit neue Kraft geschöpft hast.

1. Welche stille Beschäftigung fandest du am erfrischendsten oder bedeutungsvollsten?

2. Wo war dein Lieblingsplatz, um zu lesen oder nachzudenken?

3. Wie hast du in den geschäftigen Familienjahren Zeit für dich selbst gefunden?

Reiseabenteuer

Neue Orte zu entdecken, erweitert den Horizont und schafft bleibende Erinnerungen. Welche Reisen waren in deinem Leben besonders bedeutungsvoll? Denk an die Destinationen, Entdeckungen und Erlebnisse, die dir neue Perspektiven eröffnet haben.

1. Was war deine ehrgeizigste oder abenteuerlichste Reise?

2. Welcher Ort, den du besucht hast, hat deine Erwartungen übertroffen, und warum?

3. Welches Reise-Missgeschick oder unerwartete Ereignis ist zu einer großartigen Geschichte geworden?

10

Weisheit für morgen

Das Leben ist der größte Lehrer, und jede Heraus-
forderung, jeder Fehler und jeder Erfolg hinterlässt
Lektionen, die die Zukunft leiten können. Teile die
Einsichten, die du im Laufe der Jahre gewonnen hast,
sowie die Hoffnungen und Ratschläge, die du weiterge-
ben möchtest.

Aus Rückschlägen lernen

Die Schwierigkeiten des Lebens bieten oft die kraftvollsten Lernmöglichkeiten. Welche Fehler oder Herausforderungen haben dir wichtige Lektionen beigebracht? Denk an Erlebnisse, die schwer waren, aber letztlich zu Wachstum und Verständnis geführt haben.

1.Welche Entscheidung würdest du am liebsten rückgängig machen, und warum?

2.Mit welcher schlechten Angewohnheit hast du am längsten gekämpft, bis du sie überwunden hast?

3.Gab es einen Fehler oder eine Fehleinschätzung, die dir eine wertvolle Lebenslektion beigebracht hat?

Einfache Freuden

Wahre Zufriedenheit entsteht oft aus der Wertschätzung der kleinen Freuden des Alltags. Welche einfachen Dinge haben dir Glück gebracht? Denk an die kleinen Freuden, die deinem Alltag mehr Fülle verliehen haben.

1.Welche einfache Freude schätzt du heute mehr als in deiner Jugend?

2.Wo ist dein Lieblingsplatz, um ruhige Momente zu genießen?

3.Wie hast du dich vom Trubel des Lebens zurückgezogen, um die kleinen Freuden zu schätzen?

Ratschläge für die Zukunft

Die Weisheit, die man durch Erfahrung gewinnt, ist ein wertvolles Geschenk für die nächste Generation. Welchen Rat möchtest du am liebsten weitergeben? Denk an die Einsichten und Perspektiven, die deinen Enkeln und anderen helfen könnten.

1. Welche drei Ratschläge möchtest du, dass sich deine Enkelkinder besonders merken?

2. Welchen Fehler möchtest du unbedingt, dass deine Enkel vermeiden?

3. Wie würdest du deinen Enkeln raten, ihren eigenen Weg im Leben zu finden?

Das Familienerbe

Jeder Mensch ist ein Bindeglied zwischen den vergangenen und zukünftigen Generationen. Wie hast du wichtige Familiengeschichten und Traditionen bewahrt? Denk daran, welche bedeutungsvolle Geschichte du möchtest, dass deine Liebsten sich merken und weitertragen.

1. Wie hast du wichtige Familienerinnerungen und -geschichten dokumentiert oder festgehalten?

2. Welchen Vorfahren sollten deine Nachkommen unbedingt kennen, und warum?

3. Welche Gegenstände oder Erbstücke helfen, die Geschichte unserer Familie zu erzählen?

Erfolg neu definieren

Wahrer Erfolg sieht oft anders aus als herkömmliche Maßstäbe wie Status oder Reichtum. Wie hat sich dein Verständnis davon, was ein erfülltes Leben ausmacht, im Laufe der Zeit verändert? Denk daran, was dir echte Zufriedenheit jenseits von materiellem Erfolg gebracht hat.

1.Wie hat sich deine Definition von Erfolg in deinem Leben verändert?

2.Welcher Erfolg hat dir die größte echte Zufriedenheit gebracht?

3.Welche täglichen Gewohnheiten oder Praktiken haben deinem Leben den größten Sinn gegeben?

Hoffnungen für zukünftige Generationen

Die Träume, die wir für die nachfolgenden Generationen hegen, spiegeln unsere tiefsten Werte wider. Welche Wünsche hast du für die Zukunft deiner Familie? Denk an die Eigenschaften, die das Leben deiner Enkel und zukünftigen Familienmitglieder bereichern sollen.

1.Welchen besonderen Erfolg wünschst du dir für die Generation deiner Enkel?

2.Welche Familieneigenschaft oder –stärke möchtest du am liebsten bewahrt sehen?

3.Gibt es ein Abenteuer oder eine Erfahrung, die du dir wünschst, dass zukünftige Generationen sie erleben?

Weitere Geschichten zum Festhalten

Jeder Elternteil und jede Großeltern trägt einen Schatz an Erinnerungen in sich, der darauf wartet, geteilt zu werden. Unsere liebevoll gestalteten Erinnerungsbücher helfen dabei, diese wertvollen Geschichten festzuhalten, bevor sie mit der Zeit verblassen.

Unsere Familiengeschichten-Serie

Papa-Geschichte   Mama-Geschichte   Opa-Geschichte   Oma-Geschichte

Erhältlich bei:

- Amazon

- Führenden Online-Buchhändlern

Schenke ein Geschenk, das mit der Zeit immer wertvoller wird – denn jede Familiengeschichte verdient es, erzählt, geteilt und bewahrt zu werden.

www.ingramcontent.com/pod-product-compliance
Lightning Source LLC
Chambersburg PA
CBHW051327120626
46547CB00015B/2437